춤으로 쓴 편지

춤으로 쓴 편지

펴낸이 성경희

인쇄일 2017년 5월 29일 | **발행일** 2017년 6월 5일 | **발행인** 한성훈
발행처 비앤비출판사 | **등록** 제2002-37호
주소 서울특별시 서초구 방배동 912-2 범창빌딩 107호
전화 (02)522-3064 | **팩스** (02)522-3067
E-mail bnbmusic@hanmail.net | **홈페이지** www.bnbmusic.co.kr

어시스트 김예중 이선민 노정우 | **편집** 최문주 | **삽화·표지 디자인** 홍예은

ISBN 978-89-6599-097-0

정가 10,000원

ⓒ 2017 비앤비출판사. All rights reserved.
이 책에 수록된 모든 내용은 저작권법의 보호를 받습니다.
비앤비출판사의 허락없이 변형·복제·무단전재를 할 수 없으며, 이를 위반할 경우 법적인 조치를 받게 됩니다.

춤으로 쓴 편지

성경희

비앤비출판사

| 프롤로그 |

 음악을 좋아하고, 그림을 좋아하고, 무용의 '무'자만 보면 설레이던 고교시절.. 부푼 꿈을 안고 대학 무용과에 입학했지만 얼마 되지 않아 무릎을 다쳐 수개월을 움직이지 못했던 때가 있었다.

 날갯짓을 시작하는 20살.
 이제 막 본격적으로 춤을 추려할 때 가던 길을 멈추게 되었고, 방과 후 친구들이 실기 연습에 한창일 때 나는 집으로 돌아가는 길목에 늘 서점을 들렸다.
 어느새 나의 단골자리가 된 광화문의 대형서점 안쪽 구석 자리. 호기심으로 무심결에 처음 손에 쥐고 읽었던 「던컨 에세이」를 시작으로 무용 역사에 큰 획을 그은 무용가들의 이야기에 빠져들었다.

 꺾여버린 날개를 부여잡고 수개월을 웅크리고 앉아 눈물로 지내던 중에 삶을 불태운 무용가들의 자서전과 에세이를 통해 전달받은 메시지는 부상을 딛고 일어서는데 큰 원동력이 되어, 마리 뷔그만(Mary Wigman)의 「춤의 언어」 마지막 장을 덮을 무렵에는 서서히 다시 춤을 출 수 있었다.

이 책은 불꽃처럼 한 시대를 살아간, 그리고 지금 시대를 살아가고 있는 무용가들의 편지이다. 삶이 곧 춤이고, 춤이 곧 삶이 되는 마음을 담은 이 글을 읽고 있는 "춤으로 쓴 편지"의 주인공인 당신이 궁금하다.

젊은 날의 나와 같이 잠시 걸음을 멈춘 누군가..
이제 막 날개를 달고 춤을 추는 이들..
단지 '춤'이라는 단어가 그냥 좋아서 무작정 이 책의 첫 페이지를 열어 본 당신..

나를 일으킨 그 메시지, 내가 받았던 그 벅찬 감동이 그대로 전달되기를 소망하며 이 편지의 문을 연다.

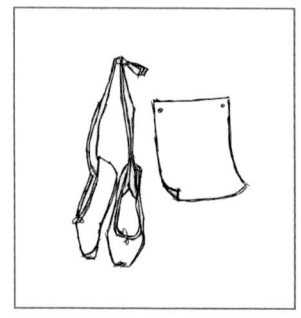

   이제 나는 지금까지 춤을 사랑하는 마음을 갖게 만든 그들에게 답장을 한다.

   삶을 춤처럼, 춤을 삶답게..
진실한 춤의 언어로 살겠노라고..

   마지막으로, 춤을 출 수 있는 계기를 만들어 주시고 응원해 주셨던 사랑하는 어머니께 이 편지를 띄운다.

| 목차 |

[1장] 춤으로 채색하는 삶 / 11
삶이 곧 춤이고, 춤이 곧 삶이 되는 그들의 편지

[2장] 영혼의 감춰진 언어 : 춤 / 33
춤이 되게 하는 영혼의 목소리.
그 안에는 무용가들이 저마다 삶에서 겪은 고독, 고통, 외로움. 삶의 끝에서 춤을 통해 위로 받고 춤과 함께 삶을 살아간 편지

[3장] 젊은 댄서에게 보내는 편지 / 53
동시대를 살아가는 젊은 무용가들에게, 이제 막 날개를 달고 춤을 추는 새내기들에게, 춤으로 꿈을 꾸는 무용가들에게 격려와 위로, 조언, 안부를 담은 편지

[4장] 한국의 무용가 12인 : 춤으로 전하는 마음 / 75
  한국의 얼과 혼을 다해 춤을 전했던 우리 무용가들의 편지

에필로그 / 89

[부록] / 94
춤으로 쓴 편지 : 무용가 프로필
참고서적 & 자료

1장
춤으로 채색 하는 삶

삶이 춤이 되고
춤이 삶이 되는
그들의 메시지

"무용은 인간의 삶. 그 자체이다."

- 이사도라 던컨

몸은 신성한 옷이다.
우리는 태어날 때부터 죽을 때까지
이 옷을 걸치게 된다.

이 옷을 입으면 생명이 시작되고
이 옷을 벗는 순간 생명이 끝난다.
그래서 우리는 이 옷을 소중히 다루어야 한다.

- 마사 그라함

나는 나를 찬양하고 나를 노래하리라.
그리고 내가 취한 것에 그대로 취하리라.

무용은 인간의 삶
그 자체이다.

- 이사도라 던컨

무용은 내게 깊은 기쁨을 주기 때문에
나는 춤을 춘다.

나는 무용을
삶, 그 자체의 끊임없는 변형이라고 생각한다.

- 머스 커닝햄

나를 부르고 나를 멈추게 한 그것은 과연 무엇인가
춤이란 인간에 관해 표현하는 살아있는 언어이다.

- 마리 비그만

무용은 인간의 모든 것을 탐험하는 도구이며
발레나 현대무용으로 만들어진 규칙을
넘어선 영역이다.

- 마기 마랭

나는 대중적인 시각을 갖는 것을 좋아한다.
왜냐하면 뭔가 할 말이 있다고 느끼기 때문이다.

- 마크 모리스

무용이란 무엇인가
그것은 동작이다.

동작은 무엇인가
기분의 표현이다.

기분은 무엇인가
감정이나 생각에 의해 생성되는 인체의 반응이다.

- 로이풀러

순수한 에너지만이 춤이 살아있게 할 수 있다.

- 수잔 린케

우리에게 주어진 일상적인 것을 빼놓고는
아무것도 이루어 낼 수 없다.

예술가는 그 시대의 대변인으로서
동시대의 사상과 이상을 창조적으로 표현해야 한다.

- 하냐홀롬

춤은 동작이며 삶, 아름다움, 사랑,
그리고 조화이며 힘이다.

춤을 추는 것은
차원 높은 희열과 전율 속에서 삶을 사는 것이다.

- 루스 세인트 데니스

나는 언제나 무대에서 사용되지 않고 있는
빈 공간에 대해 유감을 느낀다.

지난날 천장과 벽에 대해 미안한 적이 있었다.
정말 좋은 장소인데
아무도 그곳을 사용하지 않아서이다.

- 트리샤 브라운

무용은 힘이다.

무용은 인간의 용기의 중심이 되어
썩어 들어가는 고통을 막아주며
파멸과 굴복에 대한 철학에 저항하도록 도와준다.

- 호세리몽

무용이란
움직임이 방해가 될 때까지 움직이는 것이다.

동작은 어디에나 존재한다.
동작은 인생보다 더 큰 것이다.

텔레비전도 그렇다.
움직임이 모든 것을 연결한다.

보는 것, 느끼는 것, 듣는 것, 맛보는 것,
생각하는 것, 모든 것이다.

- 케네스 킹

나는 사랑을 위해 춤을 춘다.
나는 의식하기 위해 춤을 춘다.
나는 순간을 위해 춤을 춘다.
나는 보기 위해 춤을 춘다.
나는 한 마리의 사슴처럼 춤을 춘다.

나는 대지를 느끼기 위해 춤을 춘다.
나는 자유로워지기 위해 춤을 춘다.
나는 자라나기 위해 춤을 춘다.
나는 사라지기 위해 춤을 춘다.
나는 인생을 위해 춤을 춘다.
나는 숨을 춤추게 한다.

- 데보라 헤이

만약 우리 스스로가 자신을 벗어나 보면
항상 그것은 흥미로운 것으로 존재한다.

그러나 자신 내에 갇혀서
자신이 아는 것만 가지고 있다면
그것 이외의 아무것도 시도할 수 없을 것이다.

- 머스 커닝햄

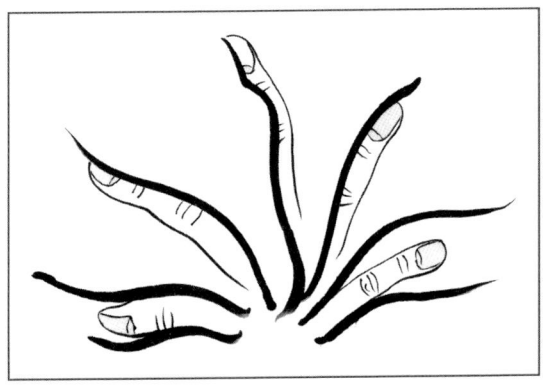

나는 항상 춤추기 위해 노력하고 있다.
항상 새로운 동작이 될 만한 동기를 찾고 있다.

- 피나 바우쉬

흑인들에게 기회가 필요했기 때문에
나는 흑인 무용수를 작품에 써야 할 책임을 느꼈다.

- 앨빈 에일리

인간의 신체동작은
생명, 그 자체로서
출생 이전의 모태 안에서부터 시작된다.

움직인다는 것은
원초적이고 영속적인 필요를 충족하는 것이다.

- 테드 숀

모든 현대 무용가들은 세상을 향해 소리친다.

- 도리스 험프리

2장
영혼의 감춰진 언어 : 춤

마음의 소리를 들으며
춤의 시를 쓴다

"예술가라면 창조하기 전에 자신을 파괴해야 한다.
춤은 영혼의 감춰진 언어이다."

- 마사 그라함

예술가라면 창조하기 전에 자신을 파괴해야 한다.
춤은 영혼의 감춰진 언어이다.

위대한 무용가는
테크닉이 아니라 열정 때문에 위대하다.
나를 버려야 창조된다.

-마사 그라함

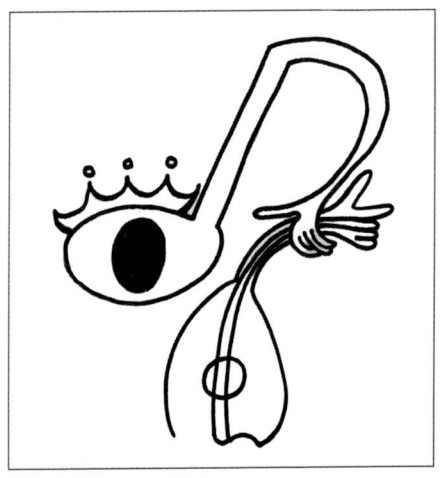

무용이란 일종의 예술가의 마음 상태이며
동시대와 조화되어야 한다.
무용 예술의 특성을 의식하는 작업이다.

무용이란 파괴적인 인간 정신의 표출이 아니라
인간의 창조성과 위대성을 나타내주는 것이며
이러한 모든 것은 힘으로부터 나온다.

- 호세리몽

홀로 춤추는게 정말 두렵다.
나이가 조금 드니까 두려움이 더 커진다.
어렸을 때는 내가 많이 안다고 착각 했지만
이제는 정 반대다.

그 두려움은 무대에 서기 직전까지 계속된다.
뭐랄까..
머리에 암세포가 있다는 느낌 같은 것이 사로잡힌다.
다행이 무대에 서면 그 두려움을 잊는다.

춤을 추는 동안 어떤 미지의 힘이
머릿속의 암을 치료하고 있다는 느낌을 받는다.

-아크람칸

나는, 사람들이 어떻게 움직이는가 보다
무엇이 그들을 움직이게 하는지에 더 관심이 있다.

나는 언제나 무언가를 한다는 것에
두려움을 갖고 있었지만
춤추는 것을 굉장히 즐겼다.

그리고 후에 내가 생각을 할 수 있었을 즈음엔
모든게 명확해졌다.

- 피나 바우쉬

춤이란 고도의 종교적인 예술이다.

그 영혼으로부터 나오는 자연적인 언어가
신체의 움직임이다.
지체로부터 신체의 모든 반짝이는 지성이
빛날 것이다.

- 이사도라 던컨

인간 몸속 에너지를 바람으로 느껴야 한다.

끊임없이 움직이는 몸으로
바람과 같은 것을 만들기 위해서는
몸이 바람에 대해 저항을 느껴야 한다.

바람이 몸 전체를 나갈 수 있게 하고
그 바람이 몸을 통과하는 것이
바로 흐름의 표현이 된다.

- 수잔린케

영감을 받는 것과
영감을 가지고 있는 것은
안무를 가치 있도록 만드는 유일한 원천이다.

- 라루보비치

나의 춤은 충격의 미학이 아닌
솔직함의 미학이다.

- 빔 반데키부스

손으로 만든 은유

우리는 보이지 않는 것들이 주는
모든 위협을 믿고 있다.
우리의 시간은 어떤 비밀들을 밝혀내는데
완전히 바쳐진다.

마음에 직접적으로 말해주는 어떤 그림 같은 묘사,
어떤 파괴할 수 없는, 부정할 수 없는 이미지들을
눈 앞에 재현하고자 한다.

- 메러디스 멍크

십년은 자라고 십년은 배우고 십년은 춤추고,
30년은 암흑과 침묵 속에서 살다간 천재 무용수

나는 어린아이였을 때 모든 것을 이해했다.
그리고 내 영혼 깊은 곳에서 울고 있었다.

나는 울고 싶지만 그럴 수가 없다.

영혼 속에 너무나 심한 통증을 느끼므로
나 자신이 걱정되기 때문이다.

- 니진스키

말의 춤

말하는 것은 말하는 것
춤추는 것은 춤추는 것

말하지 않는 것은 말하지 않는 것
춤추지 않는 것은 춤추지 않는 것

말하는 것은 말하는 것이요 말하지 않는 것
춤추는 것은 춤추는 것이요 춤추지 않는 것

말하지 않음은 말하지 않음이요 말을 안 하지 않는 것
춤추지 않음은 춤추지 않음이요 춤을 안 추지 않는 것

춤추는 것은 말하지 않는 것

말하지 않는 것은 춤추지 않는 것
춤추지 않는 것은 말하지 않는 것

말하는 것은 춤추는 것
춤추는 것은 말하는 것

춤추는 것은 말하는 것
말하는 것은 춤추는 것

춤추지 않는 것은 말하지 않는 것
말하지 않는 것은 춤추지 않는 것

춤추는 것은 말하는 것이요 말하지 않는 것
말하는 것은 춤추는 것이요 춤추지 않는 것

춤추지 않음은 말하지 않음이요 말을 안 하지 않는 것
말하지 않음은 춤추지 않음이요 춤을 안 추지 않는 것

춤추는 것은 춤추지 않는 것
말하는 것은 말하지 않는 것

춤추지 않는 것은 춤을 안 추지 않는 것
말하지 않는 것은 말을 안 하지 않는 것
춤추지 않는 것은 춤추지 않는 것
말하지 않는 것은 말하지 않는 것

춤추는 것은 춤추는 것
말하는 것은 말하는 것

- 더글라스 던

내가 믿는 것은 무엇이며
춤으로 얘기하고 싶은 것은 어떤 것인가?

-도리스 험프리

동시대에 존재하는 여러 비관적인 상황들에
시적이고 정치적인 이야기,
나아가 그러한 모든 것들이
결국 우리의 책임이라는 메시지를
춤으로 표현해야만 한다.

― 마기 마랭

언제까지 춤출지는 알 수 없고
그저 순간을 살아간다.

난 절대 계획을 세우지 않는다.
미래의 그 어떤 것에 대해서도 아무 계획이 없다.

순간순간 인생이 다른 걸 제안할 뿐이다.

- 알레산드라 페리

나는 나의 내부가 마지막 폭파 직전까지
꽉 찬 기분을 느꼈으며
그것은 필사적인 상태에 가까운 것이었다.

나는 측량 할 수 없이
나를 괴롭히는 것이 무엇이든 간에
그것을 춤으로 만들 수 있으리라 생각한다.

-마리 비그만

모든 것은 나를 춤추게 한다.

예술적으로나 대중적으로나
성공적이건 아니건
모든 춤은 나에게 항상 중요했고
내가 했던 모든 작업은
나에게 더 많은 자유를 주었다.

춤추는 일이 곧 나를 살게 한다.

- 미하일 바르시니코프

3장
젊은 댄서에게 보내는 편지

춤의 날개를 단 무용가들에게...

"마음 속에 어떠한 방해가 없다면
어떤 동작이든 가능하다"

- 머스 커닝햄

춤을 출 수 있다는 것.
춤을 만들 수 있다는 것은 정말로 멋진 일이다.

그렇다.
다른 사람들까지 춤에 열의를 가질 수 있게
만드는 것은 근사한 일이다.

재능이란 축복받은 것이다.
그렇지만 우리의 임무는 봉사하는 일이다.

무용을 위해 일하는 것,
작품을 위해 일하는 것,
인간을 위해 일하는 것,
그리고 삶을 위해 일하는 것이다.

사랑하는 친구여,
부디 예술의 불꽃이 꺼지지 않도록 하시오.
그리하여 그 횃불을 높이 들어 올리시오.

- 마리 비그만

이 세상에서 절대 용납 할 수 없는 것이 있는데
그것은 평범이다.
사명으로 움직이는 사람들은 평범해질 틈이 없다.
우리가 자기 계발을 하지 않아 평범해진다면
그것은 죄악이다.

관객들이 나의 무용을 외면할 때
나는 그들이 내 무용을 좋아할 때까지 계속한다.

- 마사 그라함

나는, "이것이 바로 무용이야"라고 일컫는
정형화된 움직임에는 관심이 없다.

무용가가 정형화된 움직임을 배울 때
그 패턴만을 배우는데 골몰해서
감정의 흐름을 인식하지 못하면
느낌의 자유로운 자기표현에 충실하지 못하는
오류를 범할 수 있기 때문이다.

- 앤 핼플린

무용수란 그들의 신체의 영혼이 잘 조화를 이루고
성장되어야 하며 영혼에서 자연스럽게 흘러나오는
언어가, 신체를 통한 동작으로 표현 될 때,
신체조직 하나하나가 눈부신 능력이 되어
빛날 것이다.

무용수는 항상 자신 안에서 움직임을
먼저 느껴야 하며 그렇지 않고는
그 몸짓이 꼭두각시의 경련과 비슷하다.

- 이사도라 던컨

무용수가 계속 변화를 성취할 수 있는 것은
연습.
그것 이외의 다른 것은 소용이 없다.

마음속의 어떠한 방해가 없다면,
어떤 동작이든 가능하다.

무용수 그들 자신이 스스로 모든 것을
채워 나가거나 그렇지 않으면
채워지지 않은 채 그대로 놔두라.

- 머스 커닝햄

무대 위에서의 목적은
감정적으로 이루어지는 것이 아니며
무용수의 관심은 오직 동작에 있기 때문에
감정은 의지에 의해서 차단 시켜야 한다.

- 알윈 니콜라이

오랜시간을 거쳐 내가 터득한 것이 있다.
나의 가장 큰 실수는 가장 큰 성취가 된다는 사실.

숱한 지적들은 나를 진보하게 만든다.

- 아크람칸

나는 교습자들 중에서 제일 뒤쳐졌다.

내 몸에 대한 이해가 느렸고 음악에 매우 서툴러 박자를 잃어버릴 때가 많다.

앞사람을 따라 하기에 급급했다.

- 이본느 레이너

신은 재능을 주시고
노력은 그 재능을 천재로 만든다.

- 안나 파블로바

안무는 배울 수 있는 게 아니다.

무언가 새로운 것을 창작한다는 것은
혼자만의 생각에서 나온다.

최대한 다양한 것을 습득하고
그 안에서 많이 고민해야 한다.

그전에 중요한 것은
요즘 내가 많이 지쳐있다는 것이다.
새로운 아이디어가 생길 때까지 무한정 쉴 것이다.

고민의 시간이 필요하다.

- 필립 드쿠플레

무심히 지나칠지도 모를 사소한 몸짓에 집중하고
그것을 영혼에서 영혼으로 던지는 일은
무용수의 능력이다.

관객을 놀라게 하는 것.
무용수만이 보여 줄 수 있는 특별하고 신비로운
인간의 가치를 볼 수 있게 하는 것.
그것이 무용수가 하는 일이다.

- 폴 테일러

댄서에게는 훌륭한 교육이 도리어 해롭다.

- 아그네스 드밀

내가 생각하기에
학생들은 항상 움직임의 원리를 배워야 하며
이것을 그들 자신의 방법으로
확장하거나 장식하도록 장려해야 한다.

의미가 담겨 있지 않은 몸짓은 없다.

- 도리스 험프리

나는 항상 예술가를 위한 예술에 짜증이 났다.
명확성과 이해 가능성은 내 춤의 확장의 기초였다.

인간의 가치와 우리 시대의 경험에 관계된 것들은
예술가가 집결 시킬 수 있는
꽉 찬 감각적 충격에 의해 가져와야 한다.

- 찰스 와이드만

교육에 있어서 나는 개개인의 소양을 존중하며
그런 방향으로 안무한다.

나를 그대로 모방한
로봇과 같은 예술가들이 배출될까봐 두렵기만 하다.

나는 그들이 지닌 상상력을 발휘하도록
복돋아 주고 싶다.

- 테드 쇼운

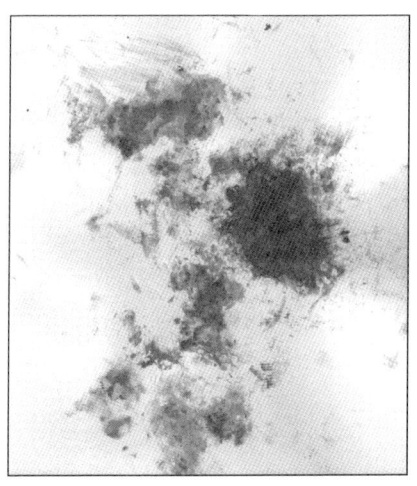

무용수들은 인간 정신의 경이로움을
잊어서는 안되고
관객들이 그것을 잊도록 내버려 두어서도 안된다.

- 도리스 험프리

나는 늘 실험한다.
해보면 나아진다고 생각한다
그러면서 해답을 찾을 수 있다고 생각한다

정말 그러다 보면 다양한 해결책이 생긴다.

                                          - 필립 드쿠플레

당신이 무엇이 되어야 한다고 생각하지 말고
당신의 존재가 무엇인지를 느껴라.

전진하라 이방인이 되어라.

그러면 여러분도 예술가가 될 수 있다.

- 안나 소콜로

삶을 두려워하거나
일을 계속 하는 걸 두려워하지 마세요.

자기 몸을 훈련시키기를 포기하지 말라는 거죠.

변화를 겁내지 말아요.
그 변화와 함께 가면 됩니다.

중요한건 시간의 흐름과 함께
자신이 속해 있는 순간의 진실을 찾는 일입니다.

- 알레사드라 페리

나는 자신의 미래를 결정하지 못하고
우왕좌왕 하는 젊은이들을 많이 만난다.

그들이 방황하는 동안 기회는 점점 멀어지고,
그들은 많은 중압감에 시달리게 된다.

미래에 대한 걱정만 하고 있을게 아니라
기회가 올 때를 대비해
미리 공부하고 훈련을 쌓아야 한다.

할 수 있는 한 많은 것을 배워라.

젊은이들에게 인내하라고 말하기란 어렵다.

그러나 그들에게 가장 필요한 것은 '인내'이다.

- 주디스 재미슨

4장
한국의 무용가 12인 : 춤으로 전하는 마음

첫 걸음을 내딛었던
그들의 춤

"뼈 삼천마디가 움직여야
춤이 되느니라"

- 한성준

뼈 삼천마디가 움직여야 춤이 되느니라.

춤은 처음에는 피곤하지만
하도 추고 나면 차츰 피로 속에서 다시 일어나고
장단도 하도 치고 나면 손이 치는 것이 아니라
장단이 장단을 치는
득무 득고의 경지에 이르게 된다.

각박한 상황에서 전통 예술을 창작하고 집대성 하며
후대에 길이 남기겠다.

- 한성준

춤이란 움직이는 사색이다.
즉 무상이다.

나는 무용가로서
조선의 심금을 좀 더 심각하게 울릴
그 무엇을 발견하기 위해 노력한다.

우리 가을 하늘처럼 맑게 트이고
밝고 명랑한 우리예술,
우리의 춤이 내 핏속에서 꿈틀거려
하나의 상념이 떠올라
차차 형태를 갖추기 시작하여 만든 춤이 (학)이다.

- 조택원

싫증내는 것은 예술이 아니다.

우리는 어디까지나
민족적 전통과 특성을 벗어나지 말아야 하며
고전에서 좋은 것을 발굴하여 발전시키지 않고서는
세계적 무용 예술이란 있을 수 없다는 것을
알아야 한다.

나는 주로 해외공연 활동 시
민족의 춤을 전하려고 노력한다.

모든 춤들이
다 저마다 다른 특색을 갖고 있기는 하지만
결코 따로 있는 춤이 아니라
하나로 통합된 세계성을 담고 있다.

-최승희

우리는 어디 까지나
우리의 고유한 춤을 연구해야 한다.

황무지 같은 곳에서
예술의 꽃동산을 꾸며 보아야 한다.

                                        - 배구자

무용가가 되기 전에 참된 인간이 되야 한다.
그러기 위해서는
폭넓은 교양과 겸손한 마음을 가져야 한다.
인간의 내면에서 우러나오는
아름다움을 지녀야 한다.

- 박외선

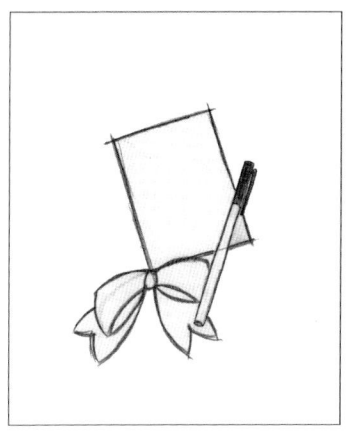

몸과 마음을 다스리는 춤을 추어라.

좋은 춤에서 음악이 들리고
좋은 음악에서는 춤이 보인다.

- 한영숙

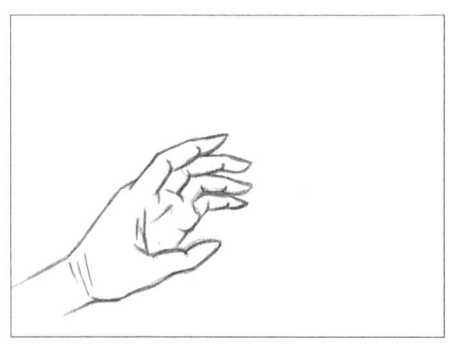

춤은 자연스럽게 춰야 한다.
흐르는 대로 추어야 한다.

삶의 허기,
춤으로 채웠다.

- 강선영

나는 밝고 행복한 춤을 추구한다.
내 춤은 사람의 모든 감정을
기쁨으로 승화 시킨 것이다.

해외 공연을 할 때는 내가 한국 춤을 추기 때문에
창경궁이나 고적에서 볼 수 있는
기왓장 무늬 같은 것을 꼭 표현 한다.
우리나라 고유의 것을 보여주려 한다.

- 김백봉

마음이 고와야 춤이 곱다.

나는 샛길로 안 빠지고
외길로 춤추는 것만 생각하며 살아왔다.

빨리 대가가 되려하지 말고
조급해 하지 말아야 한다.

-이매방

나는 천재도 아니고 예술적으로 뛰어난 것도 없다.
나는 그저 내 춤의 길을 갈 뿐이다.

나에게 가장 행복한 순간은
정다운 친구를 만나는 것도 아니고
애인을 만나 사랑을 속삭이는 것도 아니다.

단지 연습실에서 연습하는 순간이다.

- 송범

현대 무용의 세계는
우주처럼 무궁무진하다.

춤은 나의 꿈, 생각, 사상 그 자체이고
내가 가는 길의 동반자 같은 것이다.

나는 한국인으로 태어나 내 몸짓과 표현에는
이미 한국정인 정서가 깃들어져 있다
그래서 나는 늘 관객과 무용계,
더 나아가 조국을 위해 어떻게 공헌하나 고민했다.

- 육완순

내가 발레를 춤 출 당시
대중적이지 않았고 보급되지 않은 때라
개척자의 정신이 필요했다.
그 당시에 발레를 한 무용인들 모두
인내력과 정신력으로 매진했다.

무용하는 것이 다 어려움이 있지만
발레는 무대에 서고 움직이는 기본이 어렵기 때문에
오랫동안 수련을 쌓아야 한다.

- 임성남

| 에필로그 - 작가의 연습실 & 작가의 다이어리 |

"꿀벌은 몸통에 비해 날개가 너무 작아서 원래는 제대로 날 수 없는 몸의 구조를 가지고 있다고 한다. 그러나 꿀벌은 자기가 날 수 없다는 사실을 모르고, 당연히 날 수 있다고 생각하며 열심히 날갯짓을 함으로써 정말로 날 수 있다는 것이다."

 어린시절 무용 연습하며 동작이 잘 안되어 속상해서 눈물을 흘릴 때면 이 말을 꼭 기억했다.
 이 글을 쓰고 있는 나는 꿈을 이루었지만 또 다른 춤을 추기 위해 오늘도 땀을 흘린다. 조바심 없이 어떤 것에든 연연하지 않고 흔들리지 않는 마음을 위해...
 힘겹게 방황하는 누군가에게 춤으로 쓴 편지가 전달되어 꿈을 포기하지 않는 선물이 되었으면 한다.

 춤으로 쓴 편지를 마치며..

                    2017. 편지쓰기 좋은 따뜻한 어느 봄날..
                    성경희

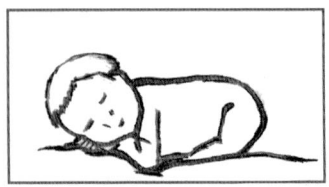

[진실한 마음으로]

[영혼의 몸짓으로]

[오늘도 춤으로 삶의 편지를 쓴다]

ㅣ춤으로 쓴 편지와 함께한 감사한 분들.. ㅣ

출판을 위해 힘써 주신 비앤비 출판사의 한성훈 대표님. 편집 디자인으로 책이 나오는 순간까지 함께 해주신 오랜 동역자 문주언니. 삽화 디자인으로 멋진 그림을 그려준 사랑하는 예은. 마지막까지 곁에서 힘이 되어준 어시스트 예중. 선민. 정우. 그리고 사랑하는 가족들…

진실한 마음을 담아 감사를 드립니다.

| ASSIST STORY |

  멋진 무용가들의 어록을 함께 준비하면서
  삶이 곧 춤이 되었던 그들을 보며 나의 춤, 나의 길을 다시 한 번 생각해 볼 수 있는 시간이었다.

  예중 : 불꽃같은 열정으로 춤을 사랑한 무용가들의 삶과 메시지를 보며 나의 춤, 나의 길을 다시 한 번 생각해 볼 수 있는 시간이었다.

  선민 : 따스한 봄날 꽃이 피는 계절에 소중한 마음의 선물을 받은것 같다. 어디를 가든지 마음을 다해 가고 싶다.

  정우 : "후회는 해보았자 소용없다는 말이 있지만 후회한다고 해서 이미 늦은 것은 아니다"라는 말도 있다. 춤을 추며 앞으로 나의 길을 갈 때 후회 속에 걸음을 멈추는 것이 아닌 다시 일어나 앞을 보며 힘찬 걸음을 내딛을 수 있는 계기가 된 것 같다.

부록 - 춤으로 쓴 편지 무용가 프로필

니진스키 [Vaslav Nizinskii] (男)
러시아 (1890.03.12 ~ 1950.04.08)
《<목신(牧神)의 오후》《봄의 제전》
 폴란드계 러시아의 무용가. 1900년 페테루스부르크 황실무용학교 입학. 1907년 발레극장에서 초연한 이래 짧은 활동기간에도 불구하고 최초의 남성 무용수로서 '무용의 신'이라고 불릴 정도로 명성을 떨쳤다.

더글라스 던 [Douglas Dunn] (男)
미국 (1942.10.19.~)
《Nevada》《Four for Nothing》《101》《Octopus》《Time Out》
 미국의 포스트모더니즘 댄서이자 안무가. 그는 자신의 춤에서 유머와 소도구, 텍스트를 사용하는 등 다방면적이고 미니멀한 포스트모던 안무가로 여겨졌다.

데보라 헤이 [Deborah Hay] (女)
미국 (1941~)

《Figure a Sea》《A Lost Opera》《If I Sing To You》
포스트모던 댄스 분야에서 일하는 실험 안무가이자 저드슨 댄스 시어터(Judson Dance Theatre) 창립 멤버이다.

도리스 험프리 [Doris Humphrey] (女)

미국 (1895.10.17 ~ 1958.12.29)
주요작품 - 《꿀벌의 생활》《뉴댄스 3부작》《파괴와 소망》
주요저서 - 《무용창작법 The Art of Making Dances》
미국의 무용가 겸 안무가로 데니숀무용단의 솔리스트로 활동하다가 무용단과 부속무용학교를 창설하였고, 리몬 무용단의 예술감독과 무용지도자로도 활약했다. 모던댄스 확립에 지표가 된《뉴댄스 3부작》,《파괴와 소망》 등의 작품을 창작했다.

라 루보비치 [Lar Lubovitch] (男)

미국 (1943.04.09.~)
《마사 잭을 위한 스케르초 Scherzo for Massah Jack》《눈사태 Avanlanche》
미국의 현대무용가로 하크니스 발레단에서 활동하였고, 청년 유대인연합회와 아메리칸 시어터랩에서 공연했다. 이스라엘과 리스본 무용단의 창작품을 유럽에서 발표하였으며, 장식적이고 힘차며 우아한 특징의 춤을 보인다.

로이풀러 [Loie Fuller] (女)

미국 (1862.01.15 ~ 1928.01.01)

《뱀의 춤》《보라빛》《나비》《백색 무용》

미국의 무용가로 전기조명을 이용한 색채무용을 펼쳤고, 최초로 종래의 무용음악이 아닌 베토벤, 멘델스존 등의 콘서트 음악에 따라 춤을 추었다.

루스 세인트 데니스 [Ruth Saint Denis] (女)

미국 (1879.1.20 ~ 1968.7.21)

《이집타 (Egypta)》《인도 무희의 춤 (The Nautch)》《요기 (Yogi)》

현대무용가 겸 안무가로, 아시아 종교와 오리엔탈리즘에 큰 흥미를 갖고 이를 바탕으로 작품 활동을 하였으며, 데니숀 무용단을 설립하여 동양의 춤을 가르치고 공연 하다가 해체 후 뉴욕에서 솔로 활동을 함.

마기마랭 [Maguy Marin] (女)

프랑스 (1951.06.02 ~)

《메이 B May B》《와테르조이 Waterzooi》《바벨 바벨 Babel Babel》《일곱 가지 치명적인 죄 The Seven Deadly Sins》

프랑스의 현대무용 겸 안무가로 콩파뉘 마기 마랭이라는 자신의 무용단을 설립하여 활동하였고 줄거리 없는 동작과 대사, 부조리 연극 같은 춤이 특징임.

마리 비그만 [Mary Wigman] (女)

독일 (1886.11.13 ~ 1973.09.18)
주요작품 - 《마녀의 춤》《봄의 제전》
주요저서 - 《무용의 언어 : Die Sprache des Tanzes》
　독일의 현대무용가로 드레스덴에서 처음 무용학교를 개설함. 새롭고 창조적인 무용을 개척하여 독일, 유럽, 미국에 큰 영향을 끼침.

마사 그라함 [Martha Graham] (女)

미국 (1894.05.11 ~ 1991.04.01)
《어느 무용가의 세계》《애팔래치아의 봄》《밤의 여로(旅路)》
　미국의 무용가로 데니숀무용단에서 활약했으며, 독무와 군무를 합하여 140개 이상의 작품을 발표함. 모던댄스의 발전에 크게 공헌한 20세기 최고의 독창적인 무용가.

마크 모리스 [Mark Morris] (男)

미국 (1956.08.29 ~)
《가루비누와 세제 Soap Powders and Detergent》《중국의 닉슨 Nixon In China》
　미국의 현대무용가 겸 안무가로 마크모리댄스그룹을 결성하여 사랑과 죽음을 주제로 선과 원으로 구성된 군무를 카논 형식에 맞추어 표현함. 이후 바리슈니코프와 화이트오크프로젝트 무용단을 만들어 활동하였음.

머스 커닝햄 [Merce Cunningham] (女)

미국 (1919.04.16 ~ 2009.07.26)

《레인포레스트(Rainforest)》《배리에이션 파이브(Variation V)》《섬머스페이스(Summer Space)》《우연에 의한 스튜(Suite by Chance)》《유나이티드 솔로(United Solo)》

현대무용의 전설로 추앙받는 미국 출신의 안무가.

메러디스 멍크 [Meredith Monk] (女)

미국 (1943.11.20 ~)

《주스 Juice》《어린 소녀의 교육 Education of Girlchild》《사냥감 Quarry》

미국의 현대무용가 겸 안무가로 자신의 무용단 더 하우스를 결성하였고, 테크닉보다는 공간사용법에 관심을 가졌음. 《주스》, 《사냥감》 등의 작품을 통해 음악, 연극, 무용 등 장르 간의 벽을 허무는 데 기여했다.

미하일 바르시니코프 [Mikhail Baryshnikov] (男)

라트비아 (1948.1.27 ~)

주요 수상 내역 - 프라임타임 에미상 클래식 음악, 댄스 프로그램부문 최우수 공연상(1989), 헤이스티 푸딩 극단 올해의 남성상(1987)

완벽함을 추구하는 20세기 발레 무용수 겸 안무가로 세계적인 무용교사 알렉산더 푸쉬킨(Alexander Pushkin)에게 사사 했고, 18세에 키로프 발레단에 입단했다. 그 후 자전적 영화 <백야>, <지젤> 등에 출연했으며, 아메리칸 발레 시어터

(American Ballet Theater)에서 예술 감독으로 역임했다. 1990년 마크 모리스와 화이트오크댄스프로젝트(White Oak Dance Project)를 창단하여 활발히 활동 중임

빔 반데키부스 [Wim Vandekeybus] (男)
벨기에 (1963.6.30.~)
《What body does not remember》《Les porteuses de mauvaises nouvelles》

안무가이자 무용수이며, 연출가, 영화감독, 사진가로서 다양한 예술 활동을 펼치고 있는 그는 마침내 자신만의 작업 공동체인 울티마 베즈(Ultima Vez)를 창단하고, 춤뿐만 아니라 음악, 영화, 텍스트가 한데 어우러지며 '댄스 시어터'라는 단어로도 가둘 수 없는 종합극을 만들어 활동 중이다.

수잔 린케 [Susanne Linke] (女)
독일 (1944.6.19.~)
《Wowerwiewas》《Flut》

피나 바우쉬와 라인힐트 호프만과 함께 독일 탄자니아 의 주요 혁신가 중 한명인 국제적으로 유명한 독일 무용가이자 안무가.

아그네스 드밀 [Agnes De Mille] (女)
미국 (1905.9.18 ~ 1993.10.7)
발레 안무 작품

《로데오 (Rodeo)》《폴리버 이야기 (Fall River Legend)》
  무용수 겸 안무가로, 앤터니 튜더(Antony Tudor)의 작품에서 주역을 맡는 등 활발히 활동하다가, 나중에는 현대무용을 공부함. 대중문화를 모티브로 무용을 만들었고, 미국식 뮤지컬 코미디 작품도 다수 안무했다.

아크람 칸 [Akram Khan] (男)
영국 (1974.7.29 ~)
《Desh》《Vertical Road》《대지 ma》
  예술 감독·안무가·무용수를 겸하는 아크람 칸은 런던에서 방글라데시 출신 부모에게 태어나 인도전통무용 아카데미에서 500년 전통의 카탁을 배웠고, 드 몬포드 대학교와 리드의 노던 현대무용학교에서 컨템포러리 댄스를 공부하여 불과 15년 만에 Akram Khan Company는 세계에서 가장 혁신적인 무용단을 만들어 활발히 활동 중이다.

안나 소콜로 [Anna Sokolow] (女)
미국 (1910.2.9 ~ 2000.3.29)
《방 (Rooms)》《시 (Poem)》《Le Grand Spectacle》
  현대무용가 겸 안무가로 마사그레이엄무용단에서 무용수로 활동하였으며, 멕시코시티에서 교사를 지내며 멕시코 최초의 현대무용단 라 팔로마 아줄(La Paloma Azul)을 창설하여 멕시코적 사상을 담은 작품들을 창작했다.

안나 파블로바 [Anna Pavlovna Pavlova] (女)
러시아 (1881.02.12 ~ 1931.01.23.)
《빈사(瀕死)의 백조》
러시아의 발레리나로 마린스키극장에서 활동하며 유럽 여러 나라에서 공연하였고, 무용단을 조직한 후 영국을 본거지로 하여 세계 순회공연을 다녔다.

알레산드라 페리 (Alessandra Ferri) (女)
이탈리아 (1963년 5월 6일~)
1983년 로렌스 올리비에 상.
아메리칸발레시어터 객원무용수.
로열발레학교수상2000년 모스크바 국제무용협회 브누아 드 라 당스 최고 여성무용수.

알윈 니콜라이 [Alwin Nikolais] (女)
미국 (1910 ~ 1993)
《만화경 (Kaleidoscope)》《꼭두각시 (Guignol)》《시나리오 (Scenario)》
무성영화 반주자와 인형극 연출자로 일하다가 한야 홀름 (Hanya Holm) 등에게 무용을 배워 안무를 시작하였으며, 그는 추상적이고 실험적인 무용으로 무용수의 움직임에 다양한 기술적 효과를 결합시켜 관습적인 기교와 기존 양식을 탈피하려고 노력했다.

앤 햅프린 [Anna Halprin] (男)

미국 (1920.07.13~)

《유쾌한 나라를 노래하라》《미국의 새 또는 벽이 없는 정원》《퍼레이드와 변화》

 미국의 무용가 겸 안무가로 매우 급진적인 안무가로 현대무용의 엄격한 계율을 벗어나 공간과 자연의 상호관계와 의사소통 매체로서의 움직임에 관심을 가졌다. 자유연상기법을 이용하여 모든 사람의 예술가적 잠재력을 표출시키고자 하였다.

앨빈 에일리 [Alvin Ailey] (男)

미국 (1931.1.5 ~ 1989.12.1.) 무용수겸 안무가.

《계시 Revelations》(1960), 《블루스 조곡 Blues Suite》(1958), 《5중주 Quintet》《강 The river》(1970), 《절규 Cry》(1971)

 에일리무용단을 결성하여 흑인을 주제로 한 생생하고 극적인 레퍼토리와 흑인에게서 느낄 수 있는 정열적이고 역동적인 안무를 보여주었다.

이사도라 던컨 [Isadora Duncan] (女)

미국 (1877.05.26 ~ 1927.09.14)

주요작품 - 《아베마리아》《마르세이즈》《슬라브행진곡》

주요저서 - 《나의 생애 My Life》

 최초로 창작무용을 창조적 예술의 수준으로 끌어올린 미국 무용가로 독일에서 활동했고, 러시아에서 젊은 세대에 큰 영향을 끼쳤으며, 소련에 설치한 무용학교에서 아이들을 가르쳤다. 즉흥적이고 체계가 없는 무용으로 계승되지는 못했으나, 20세기 모던댄스의 시조로 추측된다.

주디스 재미슨 [Judith Jamison] (女)
미국 (1944 ~)
《절규 Cry》《계시 Revelations》
　미국 출신의 현대무용가 겸 안무가이다. 아메리칸 시어터를 거쳐 앨빈 에일리 아메리칸 댄스 시어터에서 활약했다. 그녀는 일찍이 앨빈 에일리 아메리칸 댄스 시어터의 '역사와 미래'로 불렸으며, 앨빈 에일리 사후에는 실질적으로 무용단을 이끌고 있다.

찰스와이드먼[Charles Weidman(Edward Jr.)] (男)
미국 (1901.07.22 ~ 1975.07.15)
《아빠는 소방수였다》《격세유전(隔世遺傳)》《남과 여의 싸움》
　미국의 무용가이며 안무가로 데니숀무용단에서 활약하였고, 학교와 무용단을 세웠음. 《아빠는 소방수였다》 등의 작품을 발표하였으며, 후진양성에도 힘써 모던댄스 발전에 기여함.

테드 숀 [Ted Shawn] (男)
미국 (1891.10.21 ~ 1972.1.9)
대표 저서 《The American Ballet)》《Dnace We must》
　현대무용가 겸 안무가로, 1915년 아내인 루스 세인트 데니스(Ruth Saint Denis)와 함께 미국 로스앤젤레스에 데니숀

무용학교(Denishawn School of Dancing and Related Arts)를 설립.

폴 테일러 [Paul Taylor] (男)
미국 (1930.7.29.~)
주요작품 - 《4개의 비명 Four Epitaphs》《듀엣 Duet》
주요저서 - 《사적인 영역 Private Domain》

미국의 현대무용가 겸 안무가로 머스 커닝햄과 마사그레이엄의 무용단원으로 활동하였고, 펄 랭, 안아 소콜로의 무용단에서 솔리스트로도 활동하였음. 이 후 자신의 무용단을 설립하여 《잭과 콩나물》이란 코믹 작품과 《4개의 비명》이라는 실험적인 작품을 선보였음.

피나 바우쉬 [Pina Bausch] (女)
독일 (1940.7.27 ~ 2009.6.30)
《이피게니에 타우리스》《카페 밀러》《카네이션》

연극과 무용의 경계를 넘나드는 '탄츠테아터(tanztheater)'라는 혁신적인 장르를 발전시킴으로써 독일의 지방도시 부퍼탈의 이름 없는 시립 무용단을 세계 최정상에 올려놓은 위대한 예술가.

하냐 홀름 [Hanya Holm] (女)
미국 (1893.03.03 ~ 1992.11.03)
《경향 Trend》《춤작품과 극 Dance of Work and Play》

《댄스 소나타 Dance Sonata》
《메트로폴리탄 데일리 Metropolitan Daily》

　독일 출신의 미국의 무용가 겸 안무가로 마리 비그만과 함께 뉴욕에 마리 비그만 무용학교를 세웠으며, 마사 그레이엄과 함께 아메리칸 페스티벌을 열어 현대무용의 걸작 중 하나인 《경향 Trend》를 비롯하여 많은 작품을 발표함.

호세리몽 [José Limón] (男)

미국 (1908 ~ 1972)

《무어인의 파반느(The Moor's Pavane)》《추방자(The Exiles)》《미사 브레비스(Missa Brevis)》

　멕시코 태생의 미국 현대무용가로 험프리와이드먼무용학교에서 수련한 뒤, 험프리와이드먼무용단에서 활동했음. 제2차 세계대전 후 도리스 험프리(Doris Humphrey)를 예술 감독으로 임명한 자신의 무용단을 창단하여 무용수에게 자연스러운 몸짓을 강조했으며, 인간의 존엄과 고귀함을 표현하기 위해 노력했음.

강선영 (女)

한국 (1925.3.30 ~ 2016.1.21.)

《수로부인》《장희빈》《열두무녀도》

　한성준 밑에서 사사한 전통무용가이자 중요무형문화재 제92호 태평무 기능 보유자로 한국 전통 무용의 세계화에 앞섰고, 고향인 안성에 태평무 전수관을 설립해 후진 양성에 힘썼으며 제14대 국회의원으로 선출돼 민주자유당 의원으로 활동.

김백봉 (女)

한국 (1927.2.12~)

《부채춤》《화관무》《만다라》

최승희의 수제자로 최승희 무용연구소 부소장 겸 상임안무가를 지냈고 최승희 무용단 제1무용수로 활약함. 월북하였다가 탈출한 뒤 김백봉 무용연구소를 설립하였고 경희대학교 무용과 교수로 재직함.

박외선 (女)

한국 (1915.12.1 ~ 2011.9.3.)

《갱생》《사랑의 꿈》《압박받는 사람에게 영광 있으라》

일제강점기 한국 무용계에 모던발레와 현대무용의 초석을 다진 선각자로, 여고 시절 최승희의 공연에 감명 받아 무용에 입문하여, 일본 유학길에 올라 발레와 현대무용을 배움. 마사 그레이엄(Martha Graham)의 무용 기법을 우리나라에 처음 소개함.

배구자 (女)

한국 (1905 ~ 2003)

《아리랑》《양산도》《오동나무》

일제강점기에 활동한 현대무용수로 전통무용의 무대화와 발레 등 서양 무용의 수용을 위해 노력했고, 가극(歌劇)에도 관심을 기울였음. 비록 꿈이 성사되지는 못했지만, 1928년 그녀가 미국 유학을 계획하고 고별 무대에서 춘 춤이 한국인이 발표한 최초의 신무용으로 간주되며, 1935년에는 남편 홍순

언과 함께 동양극장을 설립함.

송범 (男)
한국 (1926.3.25 ~ 2007.6.15.)
《습작》《아리랑 환상곡》《죄와 벌》《도미부인》《그 하늘 그 북소리》

충북 청주 출신의 무용수 겸 안무가로 조택원, 장추화 등에게 전통무용을 비롯해 발레와 현대무용을 사사함. 30년간 국립무용단 단장을 지내고 중앙대학교 교수를 역임하며 숱한 제자들을 양성했음. 아울러 한국 전통무용에 스토리를 입혀 무대화하는 데도 큰 공헌을 함.

육완순 (女)
한국 (1933.6.16~)
《흑인영가》《부활》《인간상》《실크로드》《수퍼스타 예수 그리스도》

1963년 국립극장에서 열린 귀국 발표회를 계기로 미국의 현대무용을 우리나라에 본격적으로 소개했으며, 많은 평론가들이 그녀를 기점으로 우리나라에서 실질적인 현대무용의 역사가 시작된 것으로 보고 있음.

이매방 (男)
한국 (1927.5.5 ~ 2015.8.7.)
《승무》《살풀이춤》

중요무형문화재 제27호 <승무(僧舞)> 및 중요무형문화재 제97호 <살풀이춤> 예능보유자이며, 용인대학교 무용학과 교수를 역임함. 세계 각국에서 공연을 펼쳐 한국무용의 우수성을 알렸고, 1998년 프랑스 예술문화훈장을 받음.

임성남 (男)
한국 (1929.4.1 ~ 2002.5.25.)
《백조의 호수》《지젤》《지귀의 꿈》《처용》《왕자호동》

서울 출신의 무용수 겸 안무가로 한동인 발레단에서 무용수로 활동하다가 한국전쟁이 발발하자 일본으로 건너가 핫도리시마다 발레단에 입단함. 귀국 후 발레 교육을 시도하고, 자신의 발레단을 설립했으며, 후진 양성을 위한 그의 노력은 계속돼 국립무용단 초대 단장으로 일했고, 1972년부터 30년 동안은 국립발레단 단장을 역임하며 숱한 제자들을 길러냄.

조택원 (男)
한국 (1907.5.22 ~ 1976.6.8.)
《학》《만종》《가사호접》

일본 이시이바쿠 무용학교를 졸업 후, 공연과 연구를 위하여 프랑스에 건너갔다가 다음 해 돌아와서, 일본 도쿄 히비야(日比谷) 공회당에서 공연을 가져 일본인들을 감탄케 하는 예술성을 보임. 그 후 파리에서 유네스코 및 프랑스 문교부 초청으로 반년 이상의 장기 공연을 갖기도 함.

최승희 (女)

한국 (1911.11.24 ~ 1969.8.8.)

《초립동》《보살춤》《쟁강춤》

일본으로 건너가 이시이 바쿠에게 무용을 배웠으며, 우리나라에 처음으로 서구식 근대무용을 본격 도입하고 동시에 한국적 정서를 담은 무용을 세계무대에 올려 호평을 받은 인물임.

한성준 (男)

한국 (1874.6.12 ~ 1942.7)

《승무》《학무》《태평무》

조선 말기의 명고수로, 창극의 장단으로 평타령·중모리·진양조·엇모리·휘모리 등에 특히 능했으며 명창·명무(名舞)로도 이름을 떨침. 무용에도 뛰어나 민속무용에 전념하여 흩어져 있던 무용의 체계를 세움.

한영숙 (女)

한국 (1920.2.2 ~ 1989.10.7.)

《승무》《살풀이》

한성준에게 사사해 여러 춤을 익혔으며 서울에 한국민속예술학원을 개설해 무용 교사로 활동했음. 일본과 미국 등으로 공연을 다니면서 한국 전통무용의 아름다움을 해외에 알렸고, 특히 1988년 서울올림픽 폐막식에서는 <살풀이춤>을 공연함. 1969년 승무기 예능보유자, 1971년 학춤기 예능보유자로 지정됨.

| 부록 - 인터뷰 및 기사 |

- 강선영 인터뷰 - 한국무용가 이화숙

- 마기마랭 무용단 공연 인터뷰(2013.6.7.)
  - LG아트센터 기획공연 프로그램

- 마사그라함 서울 내한공연 기자회견 인터뷰(1990)
  - 현대무용가 육완순

- 육완순 인터뷰 - 서울문화 투데이

- 육완순 인터뷰 - 무용평론가 심정민

- 최승희 오디언 녹취 녹음자료 - 한솔 씨앤엠

- 한성준(9.2) - 홍성역사 인물축제 6인 프로그램 기사

Ⅰ 부록 - 서적 Ⅰ

- 강이향, 「생명의 춤, 사랑의 춤」, 지양사, 1989

- 권윤방, 「무용학개론」, 대한미디어, 2004

- 김말복, 「무용예술코드」, 한길아트, 2011

- 김태원, 「후기 현대춤의 미학과 동향」, 현대미학사, 1992

- 김태원, 「나의 춤 나의 길」, 현대미학사, 2002

- 김화숙, 「무용의 이해」, 한학문화사, 1999

- 마리비그만, 「춤의 언어」, 현대미학사, 1994

- 문애령, 「서양무용사」, 눈빛, 1995

- 문철영, 「하늘이 내린 춤꾼 이매방 평전」, 새문사, 2015

- 박이문, 「예술철학」, 문학과 지성사, 1983

- 성기숙, 「한성준의 춤의 시원과 확산. 기록화의 여정」, 연낙재, 2017

- 성기숙, 「한국 근대춤의 담론적 이해」, 민속원, 2007

- 심정민, 「무용 비평과 감상」, 민속원, 2015

- 샐리 베인스, 「포스트모던댄스」, 박명숙역, 삼신각, 1991

- 오화진, 「인물로 본 한국 무용사」, 예론사, 1992

- 유인화, 「춤과 그들」, 동아시아, 2008

- 육완순, 「서양무용 인물사」, 금광, 1986

- 육완순, 「나의 춤 반세기」, 마루, 2003

- 이영란, 「최승희 무용예술 사상」, 민속원, 2014

- 장정윤, 「머스커닝험 무용수 그리고 무용」, 교학연구사, 1998

- 정의숙, 반주은, 「몸짓의 빛 그 한순간의 자유」 성균관대 출판부, 2004

- 월터소렐, 신길수 역, 「서양무용 사상사」, 예전사, 1999

- 양정수, 「한국현대 무용사」, 대한미디어, 1999

- 올가메이나드, 정옥조 옮김, 「미국현대무용가들」, 솔, 1996

- 이은주, 「춤 33인」, 푸른미디어, 2007

- 조기숙, 「날고 싶은 인간의 욕망. 발레」, 이화여자대학교출판 문화원, 2017

- 장정윤, 「머스커닝험 무용수 그리고 무용」, 교학연구사, 1998

- 정병호, 「춤추는 최승희. 세계를 휘어잡은 조선여자」, 현대미학사, 1995

- 정의숙. 반주은, 「현대무용 인물론」, 성균관대출판부, 2000

- 정의숙. 반주은, 「몸짓의 빛 그 한 순간의 자유」, 성균관대출판부, 2004

- 최승희, 「불꽃(최승희 자서전)」, 자음과 모음, 2006

- 최혁순, 「이사도라 던컨의 무용 에세이」, 범우사, 2015

부록 - 정기간행본

- 근대서지 제13호 '최승희를 바라보는 몇 가지 시선들'
  소명출판. 2016.6

- 마기 마랭 무용단의 '총성'
  : 마랭 스타일 농-당스 문애령 (월간)객석.
  통권 353호(2013년 7월) 돌꽃컴퍼니

- 중앙 선데이 '인터뷰 : 알레산드리아 페리' 2016.10

- 창원대학교 체육과학 연구소
  '강선영 예술이 한국 무용계에 미친 영향' 송정은

- 춤과 사람들 제 204호
  '하늘이 내린 춤꾼 이매방 평전'
  인터뷰·문철영 / 글:김예림. 2016.2

- 춤과 사람들 제 211호
  '이매방 추모공연' 글:김예림. 2016.9

- 춤과 담론 '예술가로서의 박외선' 연낙재 2012

- 춤 제41권 '무용가 임성남 인터뷰' 늘봄 2016.7

- 한국무용예술학회 제22집 한영숙 춤의 특질과 예술세계. 김명숙 2007.12

- 한국무용예술학회 무용예술학연구 제33집 2011.8

- 한국체육과학회 제22권2호 '춤의 명인 김백봉 그의 생애와 예술' 2013

| 부록 - 논문 |

- 전통 승무를 응용한 작품연구
  : 조택원의 '가사호접'과 송범의 '참회'를 중심으로
    / 조하나, 숙명여자대학교 전통문화예술대학

- 이매방 춤의 양식적 특성으로 본 역학적 분석
  : <승무>·<살풀이춤>·<입춤>·<검무>를 중심으로
    / 백 경우, 성균관대학교 대학원, 2011.8

- 한영숙류 살풀이춤에 내재된 삼재론 중심의 음양오행
  / 김윤주, 대구가톨릭대학교 대학원, 2013.2

- 임성남의 발레작품에 관한 연구
  / 이상미, 한양대학교 대학원, 2005.2

- 김백봉의 기본무 조형분석 : 굿거리 · 살풀이 · 자진모리를 중심으로 = Analysis of Kim, Paik Bong's "Basic Dance" forms : with priority given to the Gutgury·Salpuri·Jajinmori / 안귀호
  동덕여자대학교 대학원, 2015.8

- 김백봉『부채춤』연구
  / 안병주, 동덕여자대학교 대학원, 2005.8

- 한성준 예술세계의 무용사적 가치 연구
  / 홍정아, 숙명여자대학교 전통문화예술대학원, 2013.2

- 현대 춤에 내재된 작품 성향 연구 : 린리진, 피나 바우쉬를 중심으로 = A study on the work propensity in contemporary dance : focusing on Lee-chen Lin and Pina Bausch/Liu Qin 한양대학교 대학원, 2017.2

- 마사 그라함의 작품세계에 나타난 모더니즘의 특성 : 1930-1940년대를 중심으로
  / 전수현, 청주대학교 대학원, 2004.2

- 포스트모더니즘 관점에서 본 트리샤 브라운(Trisha Brown)의 작품분석 =(An)analysis of Trisha Brown's choreography based on postmodernism
  / 김미희 성균관대학교 대학원, 2015.8

- 최승희 춤의 시대적 및 사상적 특징
  / 성앵란, 숙명여자대학교 교육대학원, 2006.8

- 컨템포러리댄스에 나타난 포스트모던댄스의 미적 특성과 기능 / 정은주, 단국대학교 대학원, 2012

- 포스트모던댄스에 있어서 무용외적 요소에 관한 연구 / 박종현, 한양대학교 대학원, 2003.2

- 최승희를 소재로 한 대중문화콘텐츠 비교 연구
  : TV 드라마, 뮤지컬, 소설 텍스트를 중심으로 = Comparative study of cultural contents based on Choi Seung-Hee : focused on TV drama, musical, and novel text / 채국희, 성균관대학교 대학원, 2014.8

- 한국 기본춤에 내재된 〈예·도〉와 〈무(武)·무(舞)〉에 관한 연구 = (A)study on 〈etiquette·morality〉 and 〈military arts·dance〉 in basic for Korean dance training / 임정희, 세종대학교 대학원, 2013.2

| 부록 - 해외서적 |

- Anderson,Jack. Ballet and modern Dance,princeton book comoany. N.J. 1986

- Dunning,Jennifer. Hanya Holm is Dead at 99: Influential choreographer, new york times. 1992

- Nikoiais, Alwin. Hanya holm, choreography and dance, v.12 1992

- Jowitt, Deborah. The dance is mind, David R. G. dine. publisher Boston, 1985

- Mcdonagh, Don. The complete G nide to modern dance, Garden city, N.Y, 1976

- Robertson, allen. the dance hand book. G.K 1990

- Valerie preston-Dunlop & susanne lahusen. schrifttanz, dance books cecil, london. 1990

- Warren,larry,anna sokolow,princeton book company, princeton, N.J. 1991